Six Heroes of Mexico
Seis Héroes de Mexico

Stories of men and women who fought the tyranny and oppression of the Spanish aristocracy for the independence of Mexico.

by **Bonnie Muth MacMillan**

Historias de hombres y mujeres quienes lucharon contra la tiranía y la opresión de la aristocracia Española por la independencia de México.

por **Bonnie Muth MacMillan**

Six Heroes of Mexico

ISBN 978-1-935914-95-2

Author of Original Story in English and Illustration Artist
Bonnie Muth MacMillan

Editor of Original English Story and Text
Kathi Provonsha, retired English Teacher at
Sacramento Adventist Academy

Spanish Translation
Lena Escandon, Spanish Professor at Pacific Union College

Artist Completing the Coloring of the Illustrations
Emily Freiman

Book Design
River Sanctuary Publishing Graphic Arts

Chief Editor
Gilbert Muth, Professor Emeritus, Pacific Union College

Printed in the United States of America

River Sanctuary Publishing
P.O Box 1561
Felton, CA 95018
www.riversanctuarypublishing.com
Dedicated to the awakening of the New Earth

About the Author

Bonnie Muth MacMillan, now deceased, was a prolific writer and artist of children's books and illustrations. As she cared for her family of four, she was able to work at home doing commercial illustrations and writing her books.

She connected with the Latino community, spending considerable time in Mexico and among the locals in her neighborhood. Hence her interest in writing children's books benefiting the English-speaking Hispanics in her community.

This book was her last attempt at producing an educational book on the history of Mexico for the purpose of keeping the Mexican heritage alive among the Latino children living in United States.

Before Bonnie was able to complete the book, she passed to her rest. Ann Leveque filled the gap by guiding us to the qualified people necessary for its publication, while at the same time working with the artist, Emily Ann Freiman to color the 10 remaining plates. With the Spanish translation added by Lena Escandon, the book was complete as planned by Bonnie, making it bilingual and more practical for a community learning to speak English or Spanish.

This entire effort has been an undertaking of her family in her honor and as a remembrance.

La difunta Bonnie Muth MacMillan, fue una escritora prolífica y artista de libros e ilustraciones para niños. Mientras cuidaba de su familia de cuatro, ella trabajaba en su casa haciendo ilustraciones comerciales y escribiendo sus libros.

Se relacionó con la comunidad latina, pasando tiempo considerable en México y con la comunidad local latina. Por lo tanto surgió su interés en escribir libros para niños que beneficiaran la comunidad latina que habla inglés.

Este libro fue su último intento de escribir un libro educacional de la historia de México con el propósito de mantener el patrimonio de México vivo entre los niños latinos que viven en los Estados Unidos de América.

Antes que pudiera compluir su libro, Bonnie se pasó a su descanso eternál. Entonces, Ann Leveqe llenó el vacío y les guilló a las personas más capables con calificaciones de publicar; mientras al mismo tiempo, el artista, Emily Ann Freiman cumplió los colores de 10 ilustraciónes. Ahora, con la traducón al español pusó por Lena Escandon, el libro fue completo como Bonnie se lo ha planeada; qué sea bilingüe y más practico para una comunidad quien querrá aprender inglés o español.

Éste ha sido un gran esfuerzo de la familia para honrarla y recordarla.

CONTENTS

Miguel Hidalgo

Priest Hero of Mexico
Sacerdote Héroe de México

"Miguel, will you take this basket of chilies to Manuel's mother, please?" Mama asked. "And you may play with Manuel for a little while."

"Sure, Mama," Miguel answered.

Putting the basket on his head he started down the path. From the top of the hill he could see the beautiful fields of green corn and the men working there. Beside them stood the field boss with a long leather whip.

"Faster! Faster!" he yelled, as the whip lashed out over the workers. One of the men fell in the dirt.

Miguel, ¿Puedes llevarle esta canasta de chiles a la mamá de Manuel, por favor?" Preguntó mamá-"y puedes quedarte a jugar con Manuel por un rato."

"Seguro, mamá," contestó Miguel.

Poniéndose la canasta en la cabeza empezó a caminar abajo. Desde lo alto de la colina él podía ver los bellos campos de maíz verde y los hombres trabajando allí. Al lado de ellos estaba el jefe de campo con un largo látigo de cuero.

"¡Más rápido! ¡Más rápido!" Gritaba, mientras levantaba el látigo sobre los trabajadores. Uno de ellos cayó al polvo.

Miguel ran down the hill to the field. "Senor, you must stop hurting these men!" he said. "This is not right. I will tell my father."

The field boss laughed. "And just who do you think you are?"

Miguel stood as tall as he could, not quite as tall as the corn plants. "I am Miguel Hidalgo y Costilla. My father is the boss of this hacienda."

The field boss scowled at Miguel. "Be on your way," he snarled.

Miguel jumped back from the man and ran all the way to the small house where Manuel lived with his family. He gave the chilies to Manuel's mother. Then the boys went out to play their favorite game of kick the coconut.

Miguel corrió hacia el campo. "¡Señor, tiene que dejar de golpear a estos hombres!" Le dijo. "Esto no es correcto. Le voy a decir a mi papá."

El jefe del campo se echó a reír. "Y ¿Quién crees que eres tú, mocoso impertinente?"

Miguel se paró tan alto como pudo, todavía no era tan alto como las plantas de maíz. "Yo soy Miguel Hidalgo y Costilla. Mi padre es el jefe de esta hacienda."

El jefe de campo frunció el ceño a Miguel. "Lárgate, mocoso", le gruñó.

Miguel saltó del lado del hombre y corrió todo el camino hasta la pequeña casa donde vivía Manuel con su familia. Le dió los chiles a la mamá de Manuel. Entonces los muchachos salieron a jugar su juego favorito de patear el coco.

When they stopped to get a drink Miguel said, "I made the field boss angry today. He yelled at me."

Manuel said, "My father made him angry one day. He whipped Papa with his leather whip. He could hurt you, too."

"He wouldn't dare," Miguel said. "My papa is the big boss of this hacienda."

"Maybe not," said Manuel, "but we are Indians, so he whips us."

Miguel put his huaraches on. "I'm sorry he is mean to Indians," he said. "I will ask Papa about this. Well, I have to go home now." And he went back up the hill to the big house where he lived with his mother and father.

After dinner Miguel told Papa about what happened earlier with the field boss.

Cuando dejaron de jugar para tomar agua Miguel dijo, "Hoy hice que el jefe de campo se enojara. Me gritó."

Manuel dijo, "Mi papá lo hizo enojarse un día. Él le pegó a mi papá con el látigo de cuero. Él te puede golpear a ti también."

"Él no se atreve," dijo Miguel. "Mi papá es el jefe principal de esta hacienda."

"Tal vez no," dijo Manuel, "pero nosotros somos indios y por eso nos dan con el látigo."

Miguel se puso sus huaraches. "Yo lo siento que él trata tan mal a los indios," dijo. "Le preguntaré a mi padre acerca de esto. Bueno tengo que regresar a casa ahora." Y subió la colina a la casa grande donde él vivía con su mamá y su papá.

Después de la comida Miguel le dijo a su papá lo que había sucedido con el jefe de campo.

"He called me 'impertinent brat.' What is that Papa?"

"It means a child should not think he is smart enough to tell a grownup what to do," Papa said.

"The men told me what happened," Papa said. "He doesn't like Mexicans either. We are Mexican. He is of the Spanish who take our land and our food. He is a cruel man. Do not make him angry again."

"I'm sorry, Papa," Miguel said. "I won't do it again. But it is not right for him to be so mean."

"No, it is not right," Papa agreed. "But we cannot fight the Spanish – yet!"

One day Mama said, "Just look at you, Miguel. You're growing out of your clothes."

"I'm as tall as the corn plants," Miguel said proudly.

"Él no gusta a los indios y él no gusta a mí. Me llamó ´impertinente´- ¿Qué es eso papá?"

"Eso quiere decir que un niño no debe pensar que él es suficientemente inteligente para decirle a un adulto lo que debe hacer." Dijo papá.

"Los hombres me dijeron lo que pasó." Dijo papá. "A él no le gustan a los Mejicanos tampoco. Nosotros somos mejicanos. Él es de los españoles que nos quitan nuestra tierra y nuestra comida. Él es un hombre cruel. No lo hagas enojar más."

"Lo siento papá," dijo Miguel, "No lo haré más. Pero no es justo que él sea tan malo."

"No, no es justo," Papá estuvo de acuerdo. "¡Pero no podemos pelear a los españoles – ¡todavía!"

Un día mamá dijo, "¡Fíjate Miguel! ¡Cómo has crecido! Ya no te queda la ropa."

"Soy tan alto como las plantas de maíz," dijo Miguel con orgullo.

Mama said, "Let us go to the market. We can buy cotton cloth there. I'll sew bigger pants and shirts for you. You can help me carry everything home."

At the market there were wonderful fruits, vegetables, chocolate and sugar cane to eat. Miguel saw the Spanish people in their fine clothes. They had money to buy silver jewelry and sweets. Small brown skinned children looked at the candy with hungry eyes. They were barefoot and wore raggedy clothes.

Mamá dijo, "Vamos al mercado. Podemos comprar tela de algodón allí. Yo te haré pantalones y camisas más grandes. ¿Me puedes ayudar a llevar las cosas a la casa?"

En el mercado había frutas deliciosas para comer, vegetales, chocolates y caña de azúcar. Miguel vio a los españoles en su ropa fina. Tenían dinero para comprar joyas y dulces. Los pequeños niños morenos miraban los dulces con ojos hambrientos. Ellos estaban descalzos y harapientos.

"Look, Mama," said Miguel, "those little ones are Manuel's brothers and sister. May I buy some chocolate for them?"

"Oh, yes!" Mama said. "Here are some pesos."

The children smiled and held out their hands. "Thank you, Miguel, thank you, Señora," they said.

Mama smiled, too, and hugged them. Then she hugged Miguel.

When Miguel was taller than the corn plants he said to his father, "Papa, I want to be a priest so I can help people."

"I am proud of you, my son," Papa answered. "To become a priest, you will have to go faraway to school. There are many dangers on the trail - danger from wild animals and danger from wild men."

"But Papa," Miguel said, "Manuel will go with me. He knows the trail and the dangers. We are strong and brave. It will be an adventure."

"Mira, mamá," dijo Miguel, "esos niñitos son los hermanos de Manuel. ¿Puedo compararles unos chocolates?"

"¡Oh, sí!" dijo mamá. "Aquí tienes dinero."

Los niños se les sonrieron y extendieron sus manos. "Gracias, Miguel, gracias, Señora," dijeron.

Mamá se sonrió también y les dio un abrazo. Entonces le dio un abrazo a Miguel también.

Cuando Miguel estaba más alto que las plantas de maíz le dijo a su papá, "Papá yo quiero ser un sacerdote para poder ayudar a la gente."

"Estoy orgulloso de ti, hijo mío," contestó papá. "Para ser sacerdote tienes que ir a estudiar a una escuela lejos de aquí. Hay muchos peligros en el camino – peligro de animales salvajes y de hombres salvajes."

"Pero papá," Dijo Miguel, "Manuel irá conmigo. Él conoce el camino y los peligros. Nosotros somos fuertes y valientes. ¡Será una aventura!"

Papa sighed. "I hoped you would stay and work with me, but I must let you go. If you two boys are together, I know you will be all right. Manuel is like another son to me."

Early one sunny morning Miguel and Manuel left the hacienda and the tall corn. They were going to the College of San Nicolas in Valladolid.

And what an adventure it was! When they came to a creek or a river, they went swimming. Every night they made camp and cooked their tortillas over the fire. As they ate tacos one evening Manuel said, "I wish I could go to college. I wish I was smart like you."

Miguel said, "You are smart. We are smart in different ways. And I will teach you everything I learn in school. Haven't we always done everything together?"

Manuel looked up at the stars. "I will remember this trip always. I wish it would never end."

Papá suspiró. "Yo quería que te quedaras trabajando conmigo, pero debo dejarte ir. Si ustedes dos van juntos yo sé que todo irá bien. Manuel es como otro hijo mio."

Temprano una mañana linda Miguel y Manuel salieron de la hacienda y de las altas plantas de maíz. Salieron para ir al Colegio de San Nicolás de Valladolid.

¡Y qué aventura fué! Cuando llegaban a un arroyo o a un rio se tiraban a nadar. Todas las noches acampaban y cocinaban sus tortillas sobre el fuego. Una noche mientras comían sus tacos Manuel dijo, "Yo quisiera ir al colegio. Yo quisiera ser tan inteligente como tú."

Miguel le dijo, "Tú eres inteligente. Somos inteligentes en formas diferentes. Y yo te enseñaré todo lo que yo aprenda en la escuela. Siempre hemos hecho todo juntos, ¿verdad?"

Manuel miró hacía las estrellas. "Siempre recordaré este viaje. No quiero que se termine."

"Me too," said Miguel, yawning. Then they both fell asleep on their blankets by the fire.

About a week later they arrived at the college. Miguel was a student. Manuel worked on a ranch. Often, he rode his horse to the college to visit Miguel. Miguel taught Manuel the things he was learning in school.

At last Miguel became a priest. But he was a very special priest. In his church in the town of Dolores he helped the people to learn of God's love for them. The people knew that Miguel loved them too.

Manuel was Miguel's helper. He and Miguel helped the people to start new ways to earn money. They made tiles and pottery from clay. They made beautiful cloth of silk, and they grew grapes. As the people worked at their new jobs, they earned more money. They could buy more food for their children. They could live in better houses.

"Yo tampoco," dijo Miguel, bostezando. Entonces se arroparon en sus cobijas y se durmieron al lado de la fogata.

Como una semana más tarde llegaron al colegio. Miguel era un estudiante. Manuel trabajaba en el rancho. A menudo montaba su caballo para ir al colegio y visitar a Miguel. Miguel le enseñaba todo la que estaba aprendiendo en la escuela.

Finalmente Miguel llegó a ser sacerdote. Pero él era un sacerdote especial. En su iglesia en el pueblo de Dolores, él le enseñaba a su gente del amor de Dios hacía ellos. El pueblo sabía que Miguel también los amaba.

Manuel fue el ayudante de Miguel. Él y Miguel le enseñaban al pueblo nuevas formas de ganar dinero. Ellos hacían tejas, azulejos, y cerámica de barro. Hacían lindas telas de ceda y cosechaban uvas. Haciendo estos trabajos, ellos ganaban más dinero. Ellos podían comprar más comida para sus hijos. Podían vivir en mejores casas.

But the cruel Spanish were still there taking their land, taking much of their food, and beating the workers.

"This is not right!" said Padre Miguel Hidalgo."

"This is not right," said the Mexican people of Dolores and all the towns nearby.

"We will fight the Spanish!" the men yelled. We will make them leave! Mexico is our country, not theirs."

"Manuel!" called Padre Miguel. "We must call the people together! Now! Ring the bells!"

Manuel pulled on the church bell ropes. The bells rang and rang. All the people came running to the church in Dolores to hear what the Padre would tell them.

Pero los crueles españoles seguían cogiendo sus tierras, cogiendo su comida, y azotando a los trabajadores.

"¡Esto no es justo!" Dijo el Padre Miguel Hidalgo.

"¡Esto no es justo!" dijo la gente de Dolores y todos los pueblos cercanos.

"Pelearemos a los españoles." Gritaban los hombres. "¡Haremos que se vayan de aquí. México es nuestro país, no es de ellos!"

"¡Manuel!" llamó el Padre Miguel. "¡Tenemos que llamar al pueblo! ¡Ahora! ¡Toca las campanas de la iglesia!"

Manuel jaló y jaló las cuerdas de las campanas. Las campanas sonaron y sonaron. Toda la gente vino corriendo a la iglesia de Dolores para escuchar lo que el Padre Miguel les iba a decir.

This is what Padre Miguel said. It is called

THE GRITO DE DOLORES

My children, are you ready to be free? Will you fight the hated Spanish to take back the lands they stole from our grandfathers three hundred years ago? We must do it now! Long live our Lady of Guadalupe! Death to bad government! Mexicans! Long live Mexico!

The men rushed out from the church with their machetes, axes, clubs, spears, hoes, sling shot and rocks. They fought the Spanish soldiers. Padre Miguel fought beside his friends. This was the start of the Mexican War of Independence.

"This is right!" said Miguel.

Miguel Hidalgo was the priest hero of Mexico.

Esto es lo que el padre Miguel dijo: Se llama

EL GRITO DE DOLORES

"Mis hijos, ¿están listos para obtener la libertad? ¿Pelearán con los odiosos españoles para tomar de nuevo las tierras que se robaron de nuestros abuelos hace 300 años? ¡Tenemos que hacerlo ahora! ¡Viva nuestra Señora de Guadalupe! ¡Muerte al mal gobierno! ¡Mejicanos!
¡Viva México!

Los hombres salieron rápidamente de la iglesia con sus machetes, hachas, garrotes, espadas, azadones, hondas y rocas. Pelearon contra los soldados españoles. El Padre Miguel peleó al lado de sus amigos.

Éste fue el comienzo de la Guerra de la Independencia de México.

"Correcto", dijo Miguel.

Miguel Hidalgo fue el Sacerdote Héroe de México.

Josefa Ortiz de Dominquez

The Girl Who Listened
La Niña Quien Escuchó

Josefa kneeled on the stone floor of the convent. Beside her was a wooden bucket of soapy water and a scrub brush. Josefa scrubbed and scrubbed so the floor would be very clean. Everything in the convent must be clean and neat because this was where the Sisters of the church lived. This was where Josefa lived too, since her mother and father had died.

Soon she heard footsteps coming down the hall. It was Sister Paulina and Sister Rosa.

"Hurry, child," said Sister Rosa. We are having a meeting in the chapel, and everything must be ready."

"I am finished, Sister," said Josefa. She picked up the bucket of soapy water to dump it outside.

Josefa se arrodilló en el suelo de piedras del convento. Al lado de ella estaba la cubeta con agua enjabonada y el cepillo para restregar el suelo. Josefa restregaba y restregaba para que el piso quedara bien limpio. Todo en el convento tenía que estar bien limpio y en orden porque allí vivían las Hermanas de la iglesia. Allí también vivía Josefa desde que sus padres murieron.

Pronto escuchó los pasos de la Hermana Paulina y la Hermana Rosa que venían por el pasillo.

"Apúrate, chica," dijo la Hermana Rosa. "Vamos a tener una reunión en la capilla, y todo tiene que estar listo."

"Ya terminé, Hermana," dijo Josefa. Ella cogió la cubeta llena de agua para botarla afuera.

"Good job, Josefa," Sister Paulina called after her.

Josefa poured the water on the grass. She heard the Sisters coming into the chapel. What are they going to talk about, she wondered? She sat under a bush by the open windows and listened.

Sister Elena began to speak. "As you know, there is not enough food for everyone here in Mexico. The corn and bean plants have died. There has been no rain, not enough water to make things grow. The Indians are dying because they have no food. The poor mestizos are starving too. Many have died."

Mestizos! Josefa said to herself. I am a mestizo! I am part Indian and part Spanish. Did Mama and Papa starve to death? Did they give me their food so that I could live? Big tears ran down her cheeks.

"Buen trabajo, Josefa, "dijo la Hermana Paulina," mientras seguía su camino.

Josefa botó el agua en la yerba. Ella escuchó a las Hermanas entrar a la capilla. ¿De qué hablarán? Pensó ella. Se sentó bajo un arbusto debajo de la ventana que estaba abierta y escuchó.

La hermana Elena comenzó a hablar. "Como ustedes saben, no hay suficiente comida para todos aquí en México. Las plantas de maíz y de frijoles se han muerto. No ha llovido, no ha habido suficiente agua para que crezcan las plantas. Los indios se están muriendo porque no tienen comida. Los pobres mestizos también se están muriendo de hambre. Muchos han muertos."

¡Mestizos! Josefa se dijo así misma, ¡Yo soy mestiza! Yo soy parte india y parte española. ¿Mis padres se murieron de hambre? ¿Ellos me dieron su comida para que yo no muriera? Lágrimas corrieron por sus mejillas.

But Sister Ramona was speaking. "We must help these people! I will eat a bit less every meal. Then I can take some food to at least one family."

"Yes! Yes! We will do that too!" said the other nuns.

What can I do, wondered Josefa? I know! I will plant a little garden with beans and chilies and corn. I will water it with the wash water. It will grow and make food. This will help at least one family.

Josefa planted her garden. Soon the beans and chilies and corn were ready to eat.

"Sister Ramona," said Josefa, "these vegetables from my garden are for the hungry people. Who shall we give them to?

"Hmm, there are so many," said Sister Ramona.

"Let's give them to a family with lots of children," Josefa said.

Pero la Hermana Ramona estaba hablando ahora. "¡Tenemos que ayudar a esa gente! Yo comeré un poco menos en cada comida. Así puedo llevar algo de comida aunque sea para una familia."

"¡Sí!" "¡Sí! "Nosotras haremos eso también," Dijeron las otras monjas.

¿Qué puedo hacer yo? Pensó Josefa. ¡Yo sé! Sembraré en una pequeña hortaliza frijoles, chiles, y maíz. Le echaré agua de la que uso para lavar. Crecerá y habrá comida. Esto le ayudará por lo menos a una familia.

Josefa sembró su jardín. Pronto los frijoles, los chiles, y el maíz estaban listos para comer.

"Hermana Ramona," dijo Josefa, "Estas verduras de mi jardín son para la gente que está con hambre. ¿A quién deberíamos darselas?"

"Ah, hay tantas personas con hambre," dijo la Hermana Ramona.

"Démosela a una familia con muchos niños," dijo Josefa.

"How about the Lopez family? They have Juan and Maria and Jose and Lupita and Roberto and Victor and Luis and Paulina and Dolores and Pancho."

"Oh yes," said Sister Ramona. "Can you carry that big basket? Hurry back, now. It will be supper time soon."

Josefa carried the basket down the dirt road to the small Lopez house. The Lopez children were all yelling and laughing and running around. At the hitching rail several horses were tied. In the backyard, papa Lopez talked with some men. Josefa gave the basket of vegetables to Mama Lopez.

"¿Qué tal si se la damos a la familia López? Ellos tienen a Juan, y a María, y a José, y a Lupita, y a Roberto, a Víctor, a Luis, a Paulina, a Dolores y a Pancho."

"¡Oh sí! Dijo la Hermana Ramona. "¿Puedes llevar esa canasta grande? ¡Regresete rápido! Pronto será hora de cenar."

Josefa llevó la canasta grande hacía la casa de la familia López. Todos los niños estaban gritando, riéndose y corriendo de un lado al otro. Varios caballos estaban amarrados a los postes del cerco. Atrás en el patio papá López estaba hablando con otros hombres. Josefa le entregó la canasta a mamá López.

"Dios te bendiga, mi hija," dijo

"Bless you, my daughter," said Mama Lopez, giving her a hug, and she wiped away a tear.

"Is everything all right with the men?" Josefa asked. "Shhh— They are talking about our bad government and the cruel Spanish rulers. Do not say that you saw them."

"I won't, I promise," said Josefa. She knew that the Spanish rulers would put the men in jail if they talked bad about the government.

Josefa went back to the convent with her empty basket. When more vegetables were ready to eat she took them to the Lopez family.

She was happy that she could share. She was happy to live with the kind Sisters. They loved her and taught her to read and write and do math.

mamá López, dándole un fuerte abrazo y limpiándose una lágrima de sus ojos.

"¿Todo está bien con los hombres?" preguntó Josefa.

Mamá se llevó el dedo a la boca. "Shhh, ellos están hablando del mal gobierno y de los españoles crueles. No digas que los viste."

"No lo diré. Lo prometo," dijo Josefa. Ella sabía que los gobernantes españoles los pondrían en la cárcel si hablaban mal del gobierno.

Josefa regresó al Convento con la canasta vacía. Cuando crecieron más verduras Josefa las llevó de nuevo a la familia López.

Ella estaba feliz que pudiera compartir la comida. Estaba contenta de vivir con las buenas Hermanas. Ellas querían mucho a Josefa y le enseñaron a leer, a escribir y hacer las matemáticas.

As Josefa grew older, she read much about history and other countries. She saw her own people being treated badly by the rulers from Spain. Small groups of men met secretly to talk about what could be done to help the people. Josefa met with them whenever she could.

One of these men, Miguel Dominguez, fell in love with Josefa. She loved him too, and so they were married. Then Miguel became the governor of Queretaro. He helped to get laws passed that were good for the people.

Josefa and Miguel Dominguez were friends with Miguel Hidalgo, the Priest of Dolores. One day when Josefa opened the door of their apartment two of the Spanish rulers were talking in the hall. Quickly, she shut the door and listened at the big keyhole.

Mientras crecía, Josefa leía la historia de su país, y leía acerca de otros países. Ella veía a su propia gente maltratodos por los gobernantes españoles. Los hombres se reunían en grupos pequeños, en secreto, para hablar de lo que se podía hacer para ayudar al pueblo. Josefa se reunía con ellos cuando podía.

Uno de estos hombres, Miguel Domínguez, se enamoró de Josefa. Ella también lo amaba, así que se casaron. Entonces Miguel llegó a ser el gobernador de Querétaro. Él ayudó a poner leyes que ayudaban al pueblo.

Josefa y Miguel Domínguez eran amigos de Miguel Hidalgo, el sacerdote de Dolores. Un día cuando Josefa abrió la puerta de su apartamento, escuchó a dos gobernantes españoles hablando en el pasillo. Rápidamente cerró la puerta y escuchó lo que decían por la bocallave.

"We have arrested the men in Queretaro who do not like our government," said the men. "They are in jail and will be shot soon. Next we will get Hidalgo and his friends in San Miguel."

"Oh! We must warn them!" Josefa whispered to her husband.

"No!" he said. "If they find out you warned Hidalgo, they will kill you."

"But we must!" cried Josefa.

"I will lock you in our bedroom. Then the Spanish can't get you," Miguel Dominguez said. "Come!" He took her hand and pulled her into their bedroom. Then he locked the door with a big key and went off to his office.

"I know my husband just wants to keep me safe. I know he loves me," cried Josefa. "But I must warn Miguel Hidalgo. I must!"

"Hemos arrestado a los hombres en Querétaro que no gustan de nuestro gobierno." Dijeron los hombres." Ellos están en la cárcel y pronto los matarán. Después cogeremos a Hidalgo y a sus amigos en San Miguel."

"¡Oh! "¡Tenemos que avisarles!" Josefa le dijo en secreto a su esposo.

"¡No!" dijo él. "Si se dan cuenta que tú le avisaste a Hidalgo te matarán."

"¡Pero tenemos que ir! Lloró Josefa.

"Te encierro en la recámara. Entonces los españoles no te pueden coger," dijo Domínguez. "¡Ven!" La cogió de la mano y la jaló para la recámara. Entonces cerró la puerta con una llave bien grande y se fue a trabajar a su oficina.

"Yo sé que mi esposo solamente quiere protegerme. Yo sé que él me ama," lloró Josefa. "Pero, ¡yo tengo que ir!"

Their friend, Ignacio Perez, lived in the apartment just below them. He also was one of the men who met secretly with Miguel Hidalgo and his friends. Was he at home? Josefa took off her high heeled shoe. She banged on the floor of her room with the shoe heel. Would Ignacio hear? Would he come?

He did. Minutes later he knocked on the door of Josefa's room. "Josefa" he called. "Are you all right?"

"Oh, Ignacio!" she answered. "I am locked in. Come close to the keyhole."

Ignacio put his ear to the keyhole.

"Our friends in Queretaro are in jail and will be shot," Josefa whispered. "The Spanish police are going next to arrest Miguel Hidalgo and his friends."

Ignacio whispered back, "I will ride to Dolores and warn them."

El amigo de ellos, Ignacio Pérez, vivía en la misma casa de apartamentos, debajo del de ellos. Él también era uno de los hombres quien se reunía en secreto con Miguel Hidalgo y sus amigos. ¿Estará en la casa? Josefa se quitó su zapato de tacón alto. Le dio al piso con el tacón del zapato. ¿La escucharía Ignacio? ¿Vendría?

¡Sí vino! Minutos después tocó la puerta del cuarto de Josefa. "¡Josefa!" llamó, "¿Estás bien?"

"¡Oh, Ignacio!" ella le contestó. "Estoy encerrada en mi cuarto. Acércate al bocallave."

Ignacio puso el oído cerca de la bocallave.

"Nuestros amigos en Querétaro están en la cárcel y los van a matar," Josefa le dijo en voz baja. "La policía española va en camino para arrestar a Miguel Hidalgo y a sus amigos."

Ignacio le contestó en voz baja, "Yo iré a Dolores y les avisaré."

A few minutes later Josefa heard the sound of a horse galloping down the cobblestone street. Ignacio was riding to warn Miguel Hidalgo that the Spanish police were coming to put him in jail.

Josefa smiled. Her friends would escape.

Unos minutos después Josefa oyó el galopeo del caballo sobre la calle de piedra. Ignacio iba a caballo para avisarle a Miguel Hidalgo que la policía venía a ponerlos en la cárcel.

Josefa sonrió. Sus amigos podrían escaparse.

Very late at night Ignacio Perez arrived at the house of Miguel Hidalgo. "They are coming to arrest you all and put you in jail!" Ignacio warned, all out of breath.

"Someone has told them our plans to fight back!" Miguel said. "We must do it now!"

The church bells rang, and all the men of Dolores came running to the church. Miguel Hidalgo gave his famous Grito. Then "Let's go!" he shouted. He and all the men went out to fight.

This was the start of the Mexican War of Independence.

Josefa Dominguez had helped by warning the men.

She was a lady revolutionary hero of Mexico.

Tarde en la noche Ignacio Pérez llegó a la casa de Miguel Hidalgo. "Vienen para arrestarlo y ponerlo en la cárcel." Ignacio le dijo casi sin poder respirar.

"¡Alguien les habían dicho nuestros planes de pelear con ellos!" dijo Miguel, "¡Tenemos que hacerlo ahora!"

Las campanas de la iglesia sonaron y todos los hombres de Dolores llegaron corriendo a la iglesia. Miguel Hidalgo dio su famoso Grito. Entonces, "¡Vámonos!" Gritó.

Éste fue el comienzo de la guerra de la Independencia de México. Josefa Domínguez ayudó, avisándoles a los hombres.

Ella fue una dama héroe revolucionaria de México.

Adelita

Woman Soldier of Mexico
Mujer Soldado de México

Three children sat on the floor around a pile of little sticks. They were playing a game.

"That's mine!" yelled Victor. "You took my stick!"

"Did not! It wasn't yours!" answered Roberto.

"Here, you can have mine!" said Adelita. "Take them all!" She stood up.

"You kids!" yelled Mama. "Go outside and play! Out! Out!" She waved her hands toward the door.

The kids went out. Victor and Roberto started wrestling. "Hey!" said Adelita. "Why don't you play soldier?"

"All right!" the boys said as they picked up sticks and pretended to sword fight.

"In a real war you don't fight each other, you fight the enemy," Adelita said.

Tres niños estaban sentados en el suelo con una pila de palitos. Estaban jugando un juego.

"¡Ese es mío!" Gritó Víctor. "¡Tú cogiste mi palito!"

"¡Yo no lo cogí! ¡No era tuyo!" Contestó Roberto.

"¡Toma, puedes tener el mío! Dijo Adelita, "¡Cógelos todos!" Y se levantó.

"¡Niños!" Gritó mamá. "¡Váyanse a jugar afuera!" "¡Afuera!" "¡Afuera!" Les dijo mostrándoles la puerta.

Los niños salieron. Víctor y Roberto empezaron a luchar. "¡Oye!" Dijo Adelita. "¿Por qué no juegan a que son soldados?"

"¡Muy bien!", dijeron los muchachos mientras recogían palos y pretendían pelear con espadas.

"En una guerra verdadera uno no se pelea contra otro, tú peleas al enemigo," dijo Adelita.

"Yes, like the Spanish," Roberto said. "Papa and his friends talk much about war with the Spanish. I will fight them too," he said, waving his stick sword in the air.

"Not so loud!" warned Adelita. "You never know who is listening. Do you want to get Papa whipped again? Or put in Jail? Or shot?"

Roberto looked down at his toes. "No, I just forgot."

When the sun went down, and the sky began to darken Papa came home from his work in the fields. He hugged Victor and Roberto and Adelita. "Careful," he said, "I'm hurt." Then he hugged Mama. Angela," he said, "help me out of this shirt."

Carefully Mama lifted the shirt and gasped, "Oh, Pedro! You've been whipped again! Why? Why?"

"I got a drink of water when it wasn't time for a drink," Papa said.

"Sí, como los españoles," dijo Roberto. "Papá y sus amigos hablan mucho de la guerra contra los españoles. Yo los pelearé también," dijo Roberto, moviendo su palo espada en el aire.

"¡No hables tan fuerte!" les advirtió Adelita. "Tú nunca sabes quién está escuchando. ¿Quieres que le den otra paliza a papá? ¿O que lo metan en la cárcel? ¿O que lo maten?"

Roberto miró hacia abajo. "No, se me olvidó."

Cuando se puso el sol y el cielo se oscurecía papá regresó de su trabajo en los campos. Le dió un abrazo a Víctor, a Roberto, y a Adelita. "Cuidado," les dijo, "Estoy golpeado," Entonces abrazó a mamá. "Ángela," le dijo, "ayúdame a quitarme la camisa."

Con mucho cuidado ella le levantó la camisa y exclamó, "¡Oh, Pedro! ¡Te azotaron otra vez! ¿Por qué? ¿Por qué?"

"Tomé un vaso de agua cuando no era tiempo de tomar agua," dijo papá.

Adelita ran to the garden and brought back healing herbs in her skirt. While Mama washed Papa's bloody back, Adelita crushed and ground the plant leaves in the stone hand grinder. Papa lay face down on the bed while Mama put the herbs on his back.

Roberto made fists with both hands and scowled. "Someday I will fight those men!" he said.

"Me too!" said Victor.

"Me too!" said Adelita.

Adelita corrió al jardín y trajo en su falda muchas yerbas que le ayudarían a sanar. Mientras mamá le lavaba las heridas a papá, Adelita machacaba las yerbas y las molía: Papá se acostó boca abajo en la cama mientras mamá le ponía las yerbas en su espalda.

Roberto cerraba los puños de la mano y decía, "¡Algún día yo voy a pelear a esos hombres!"

"¡Yo también!" dijo Víctor.

"¡Yo también!" dijo Adelita.

"Ha!" said the boys. "You're a girl. You can't fight the Spanish."

"Oh yes I can! You'll see," Adelita said.

Among the men the talk of fighting the Spanish rulers went on. Victor and Roberto grew to be big boys. Adelita was now a lovely young lady.

Often the boys played shoot the enemy with the wooden guns that Papa had helped them make. One day as they were playing a young man passed by.

"What are you shooting at?" he asked.

"The bad guys," the boys said.

"You'll never hit them holding the gun like that," said the young man.

"Will you show us how?" Roberto asked. "We've never held a real gun."

The man kneeled beside the boys in the tall grass.

"¡Ah!" dijeron los muchachos, "Tú eres una muchacha, tú no puedes pelear a los españoles."

"¡Claro que sí! ¡Ya van a ver!" dijo Adelita.

El tópico de la pelea contra los españoles seguía entre los hombres del pueblo. Roberto y Víctor llegaron a ser jóvenes, Adelita llegó a ser una linda joven.

A menudo los jóvenes jugaban a pelear al enemigo con las espadas de palo que papá les había ayudado a hacer. Un día mientras jugaban, un joven pasó por allí.

"¿A qué le están tirando?" preguntó.

"A los hombres malos," dijeron los muchachos.

"Nunca le van pegar al enemigo si sostienen el rifle así," dijo el joven.

"¿Nos puedes mostrar cómo agarrarlo?" le preguntó Roberto. "Nunca hemos sostenido un rifle de verdad."

El hombre se arrodilló en la yerba alta al lado de los muchachos.

"The butt of the gun goes against your shoulder, like this," he said. "Put your face alongside the barrel and close one eye. Raise the end of the barrel up 'til it's even with your eye. Point the end of the gun at what you want to shoot. Squeeze the trigger. Bang!" He laughed.

"Wow!" said the boys. They picked up the wooden guns and started to practice.

"Good!" said the man. "Well, gotta go. I'm Ramon."

"I'm Roberto – and I'm Victor," said the boys.

"I'm Adelita," said their sister, coming down the trail.

"Wow!" said Ramon. "Uh – I'm glad to meet you, Senorita."

"How do you know so much about guns? Have you got a gun?" Adelita asked.

"My Papa has a gun. He used to be in the army."

"Oh?" Adelita raised her eyebrows.

"La culata del rifle va contra tu hombro, así," dijo él. "Pon tu cara al lado del cañón del rifle y cierra un ojo. Levanta la parte de atrás del cañón hasta que esté al igual con tu ojo. Apunta el rifle a lo que le quieres pegar. Aprieta el gatillo. Dispara. "¡Bang!" Él se echó a reír.

"¡Guao!" dijeron los muchachos. Y cogiendo sus rifles de palo, comenzaron a practicar.

"¡Muy bueno!" dijo el joven. "Bueno, tengo que irme. Me llamo Ramón."

"Yo soy Roberto – y yo soy Víctor," dijeron los muchachos.

"Yo soy Adelita," dijo la hermana mientras bajaba por el camino.

"¡Guao!" dijo Ramón,

"Ah, mucho gusto en conocerla, señorita."

"¿Cómo es que usted sabe tanto de rifles? ¿Tiene un rifle usted?" le preguntó Adelita.

"Mi papá tiene un rifle. Él estuvo en el ejército."

"¿Oh?" Adelita levantó las cejas.

"The Spanish forced him to join. They threatened our family," Ramon said.

"Will you teach me to shoot?" Adelita asked. "I may need to know. All of us women may need to know."

"Sure," said Ramon. "I'll come often." He smiled, made a little bow and walked away.

Wow! thought Adelita. He is so nice!

Ramon did come often. He played gun fights with the boys, always being careful that the wooden guns were handled as though they were real guns. "You guys will be great fighters!" he said.

"Los españoles lo forzaron a unirse al ejército. Amenazaron a nuestra familia," dijo Ramón.

"¿Me enseñas a tirar?" Preguntó Adelita. "Quizás necesite aprender. Todas nosotras necesitamos aprender."

"Seguro," dijo Ramón. "Vendré a menudo." Se sonrió, hizo una pequeña venia y se fue.

"¡Guao!" Pensó Adelita. "¡Él es tan simpático!"

Ramón vino muchas veces. Jugaba a peleas de rifles con los muchachos, siempre con mucho cuidado de que los rifles de palo los trataran como si fueran rifles de verdad. "¡Muchachos ustedes van a ser buenos peleadores!" les dijo.

One day he brought his father's gun. "This is a real gun," he said. "I will show you how to load it and fire it but we will not play with it because guns are very dangerous." He put black gun powder in the barrel and then the lead ball in the powder. He raised the gun to his shoulder and squeezed the trigger. BANG! It made a terrible noise.

"Wow!" said Roberto and Victor.

"Wow!" said Adelita. "Thank you for teaching us, Ramon. When the war starts, we will all be glad we know how to shoot."

Ramon took Adelita's hand. "Before the fighting starts, would you marry me?" he asked.

Adelita's cheeks turned pink. "I would like to," she said, but you must ask Papa."

Papa said yes, and so Adelita and Ramon were married. Then the war started. The poor people of Mexico were fighting the cruel Spanish rulers and rich people who took their lands.

Un día él trajo el rifle de su papá. "Éste es un rifle de verdad," dijo él. "Te enseñaré como cargarlo y tirarlo pero no jugaremos con él porque los rifles son muy peligrosos." Él le puso el polvo negro en el cañón del rifle y terminó de armar el rifle. Lo levantó hacia el hombro y apretó el gatillo. ¡Bang! Hizo un ruido terrible.

"¡Guao!" dijeron Roberto y Víctor.

"¡Guao!" dijo Adelita. "Gracias por enseñarnos, Ramón. Cuando empiece la guerra estaremos felices que sabemos usar el rifle".

Ramón tomó la mano de Adelita. "Antes que comience la guerra, ¿te casarías conmigo?" Le preguntó.

Adelita se puso roja. "Me gustaría," dijo Adelita, "pero primero tienes que preguntarle a Papá."

Papá dijo que sí, así que Adelita y Ramón se casaron. Por un poco tiempo estaban felices porque no había guerra. Entonces comenzó la guerra. La pobre gente de México peleaba contra los crueles ricos gobernantes españoles quienes se habían robado sus tierras.

One day Ramon said to Adelita, "I must go and fight with the other men in the People's army. I must do this for our people."

"Then I will go with you," Adelita said. "I can shoot. I can help the ones who are hurt. You will need me."

Ramon said, "War is very dangerous. Soldiers get hurt and killed. I want you to be safe."

"I am going with you," Adelita said. "Let's pack our things and get our guns."

She rolled up some blankets, an extra skirt for herself, pants and shirt for Ramon, a bit of food and a pan to cook in. Ramon carried the guns and ammunition. These things they tied on behind their saddles, mounted their horses and rode away.

In the village. many men and women waited. Some of the women had children. They were going with their husbands to fight the war.

Un día Ramón le dijo a Adelita, "Tengo que ir a pelear con los otros hombres en el Ejército del Pueblo. Tengo que hacer esto por nuestra gente."

"Entonces yo iré contigo," dijo Adelita, "Yo puedo tirar. Yo puedo ayudar con los heridos. Me necesitas."

Ramón dijo, "La guerra es muy peligrosa. Los soldados sufren heridas y mueren. Yo quiero que tú estés segura."

"Yo voy contigo," dijo Adelita. "Empaquemos nuestras cosas y cojamos nuestros revólveres."

Ella enrolló unas cobijas, una falda para ella, pantalón y camisa para Ramón, un poco de comida, y una olla para cocinar. Ramón Llevaba los rifles y la munición. Todo esto lo amarraron detrás de la montadura, se montaron en sus caballos y se fueron.

En el pueblo muchos hombres y mujeres esperaban, algunas de las mujeres tenían niños. Iban con sus esposos a pelear en la guerra.

Some had horses. The others were walking. Adelita and Ramon waited with them.

Then the Leader said, "Let's go! "All the people and horses started walking down the road. Some of the children were tired. Bending down from her saddle, Adelita took a little boy's arm and pulled him up on the horse with her. His mother smiled and patted his leg.

At last they all arrived at the People's army camp. Ramon made a little fire. Adelita cooked their supper. The next day their soldier training began. All day long they practiced shooting. At night Ramon and Adelita spread their blankets on the ground and went to sleep.

In the morning Adelita said, "It's so quiet. Where is the shooting?"

"Tomorrow there will be lots of shooting. The Government army is coming to fight us," Ramon said.

Algunos tenían caballos. Otros caminaban. Adelita y Ramón esperaban junto con ellos.

Entonces el Líder dijo, "¡Vámonos!" Toda la gente y los caballos empezaron a caminar por el camino. Algunos de los niños estaban cansados. Adelita se inclinó sobre la montura y cogió a uno de los niños, lo levantó y lo sentó con ella. La madre del niño sonrió y le dio una palmadita en su pierna.

Por fin llegaron al campamento del Ejército del Pueblo. Ramón prendió un pequeño fuego. Adelita cocinó la cena. El próximo día comenzó el entrenamiento de los soldados. Todo el día practicaban como tirar. En la noche Ramón y Adelita extendían sus cobijas en el suelo y dormían.

Por la mañana Adelita dijo, "Todo está tan callado. ¿Dónde están practicando los tiros?"

"Mañana va a haber bastante tiradera. El ejército del Gobierno viene a pelearnos." Dijo Ramón.

Early the next day Ramon, Adelita and all the other soldiers went into the mountains. They found hiding places behind big rocks. When the Government army came, the fighting started. Adelita fought beside Ramon. The soldiers shot at each other all day long. Many were hurt and killed.

Adelita took water to the ones who were hurt. She tore off pieces of her skirt to bandage their wounds.

Ramon and his friends ran to the wounded men and carried them back to camp. There the women washed and fed them. They bandaged their hurts and nursed them until they felt better.

One day as the soldiers were fighting, Ramon was shot in the leg. He couldn't walk. Two other soldiers helped him back to camp. There Adelita took care of him. Other men were shot too. The women cared for them all.

Temprano el día siguiente, Ramón, Adelita y todos los otros soldados se fueron a las montañas,

Encontraron donde esconderse detrás de las rocas. Cuando el ejército del Gobierno llegó comenzó la pelea. Adelita peleo al lado de Ramón. Los soldados peleaban todo el día. Muchos fueron heridos y muchos murieron.

Adelita les llevaba agua a los heridos. Vendó las heridas de los soldados con pedazos de su falda.

Ramón y sus amigos corrían a recoger los heridos para llevarlos al campamento. Allí las mujeres lavaban sus heridas y les daban de comer. Curaban sus heridas hasta que se sintieran mejor.

Un día mientras los soldados peleaban, una bala hirió la pierna de Ramón. Él no podía caminar. Dos soldados lo ayudaron a ir al campamento. Allí Adelita lo cuidó. Otros hombres fueron heridos también. Las mujeres los cuidaron.

After supper one night a young soldier, who was getting well from being shot, picked up his guitar. He sang a song about a brave and beautiful girl named Adelita. Other soldiers started to sing with him.

Adelita looked at Ramon. "Are they singing about ME?" she asked.

"Yes, my dear," said Ramon. "Because you are brave and kind and sweet and beautiful. I am proud of you but I am also jealous because they are all in love with you."

Adelita just smiled and listened to the singing.

In later Mexican wars, women soldiers remembered Adelita. "We are the Adelitas, just like her," they said. And so, they were called the Adelitas for many years.

The first Adelita and all the other Adelitas were Women Heroes of Mexico.

Una noche, después de la cena, uno de los soldados que había sido herido y estaba mejorando, cogió su guitarra. Cantó un canto acerca de una linda y valiente muchacha llamada Adelita. Otros soldados empezaron a cantar con él.

Adelita miró a Ramón. "¿Ellos están cantando acerca de mí?" Preguntó.

"Sí querida," dijo Ramón. "Porque tú eres valiente, buena, dulce y hermosa. Estoy orgulloso de ti, pero también estoy celoso porque todos están enamorados de ti."

Adelita solamente sonreía y los escuchaba cantar.

En otras guerras de México las mujeres soldados siempre recordaban a Adelita. "Nosotras somos las Adelitas de hoy, como lo era Adelita." Ellas decían. Y por muchos años se llamaba Las Adelitas.

La primera Adelita y las demás Adelitas son las mujeres Héroes de México.

Beneto Juarez

Indian President Hero of Mexico
El Héroe Indio, Presidente de México

In a small adobe house, a very small boy sat on the dirt floor. Big tears rolled down his face and splashed on his bare belly. "Mama! Papa!" he sobbed over and over.

The door opened and a girl about nine years old came in. She went to the small boy and put her arms around him.

"Dear little Benito, Mama and Papa can't be with us anymore," she said. "They have gone to Indian Heaven. But I will take care of you and we will stay with Uncle Juan. Come, now."

She took Benito's hand and together they walked out into the sunlight.

In the Zapotec Indian village of Guelatao the houses were all very much alike and close together. The children were soon at Uncle Juan's house.

En una casa pequeña de adobe, estaba sentado en el suelo de tierra un pequeño niño. Las lágrimas que corrían por sus mejillas, caían sobre su estómago desnudo. "¡Mamá!" "¡Papá!" lloraba y lloraba.

La puerta se abrió y una niña como de nueve años entró. Andaba donde estaba el niño y puso sus brazos alrededor del niño.

"Querido Benito, mamá y papá no pueden estar con nosotros más." dijo ella. "Ellos se han ido al Cielo de los Indios. Pero yo te cuidaré y viviremos con tío Juan. Ven."

Tomó la mano de Benito y juntos salieron afuera.

En el pueblo de los indios Zapotecas de Guelatao casi todas las casas se parecían y estaban juntas una de la otra. Pronto los niños llegaron a la casa de tío Juan.

51

"Ah, Maria and Benito! I'm so glad you will be my children now. We will be happy together," said Uncle Juan. He made tacos of fish he had caught in the creek. In the grinder Maria made salsa while Benito tried to help by handing her the tomatoes, onions, and chilies.

"Mmmm, this salsa is delicious," said Uncle Juan. "I've been needing two good helpers."

After lunch Uncle Juan opened the back door of his house, and there was a cool shady patio full of big clay pots. Some of the jars were taller than Benito.

"This is where I work," said Uncle Juan" I made all these jars out of clay."

There was a work table and there was a big pile of clay.

"Ooooooo!" said Benito. "I like mud!" He poked his fingers into the soft wet clay.

Uncle Juan laughed. "I will teach you to make pots just like these," he said.

"¡Ah, María y Benito! Estoy tan contento que ahora son nuestros niños. Vamos a ser felices juntos," dijo tío Juan. Él hizo tacos de pescados que había cogido en el arroyo. María hizo la salsa mientras Benito trataba de ayudar, pasándole los tomates, las cebollas, y los chiles.

"Mmm, esta salsa está deliciosa," dijo tío Juan. "He estado necesitando dos buenos ayudantes."

Después del almuerzo tío Juan abrió la puerta de atrás de la casa, y allí estaba el patio fresco lleno de ollas de barro. Algunas de las ollas eran más altas que Benito.

"Aquí trabajo," dijo tío Juan, "Yo hice todas estas ollas de barro."

Había una mesa de trabajo y un gran montón de barro.

"¡Oh!" dijo Benito "¡A mí me gusta el lodo!" Metió su dedo en el lodo suave.

Tío Juan se echó a reír. "Te voy a enseñar cómo hacer ollas como éstas," dijo él.

And he did. Benito learned to be a fine pot maker as he grew bigger, and so did Maria.

Maria was now a teenage young lady. One day some people from Oaxaca came to Guelatao to buy some Zapotec Indian pots for their patio.

"What beautiful pots!" they said. "These are the finest we have seen."

"Thank you," said Maria. "I helped make them. I like to do things well."

Y él lo hizo. Benito aprendió a hacer ollas finas mientras crecía y también María aprendió.

María ahora era una joven adolecente. Un día una gente de Oaxaca vino a Guelatao para comprar algunas ollas de barro de los indios Zapotecas para poner en su patio.

"¡Qué ollas tan lindas!" dijeron. "Estas son las mejores que hemos visto."

"Gracias," dijo María. "yo ayudé a hacerlas. Me gusta hacer las cosas bien hechas."

"Well," the people said, "if you ever want to come to Oaxaca, we would like you to stay with us. We'll give you a job."

Later Maria told Uncle Juan what the Oaxaca visitors said.

"Go, my daughter," Uncle Juan said. "It is good for a Zapotec to learn the ways and the language of the other people." He looked at Benito.

"I will stay with you, Uncle Juan. I like our Zapotec ways," Benito said.

But Uncle Juan was not feeling well. He had to stop and rest a lot. One day he said to Benito, "My son, I am old and tired. Go to your sister in Oaxaca."

"I can make the pots, Uncle. I can do it all. You need me," Benito said.

"Bueno," dijeron la gente, "Si alguna vez quieres ir a Oaxaca nos gustaría que te quedaras con nosotros. Te daríamos trabajo."

Más tarde María le dijo a tío Juan lo que los visitantes de Oaxaca le habían dicho.

"Ve, mi hija," dijo tío Juan. "Es bueno que una Zapoteca aprenda las costumbres y el idioma de otra gente." El miró a Benito.

"Yo me quedaré contigo, tío Juan. A mí me gustan las costumbres Zapotecas." Dijo Benito.

Pero tío Juan no se sintió bien. Él tenía que descansar a menudo. Un día le dijo a Benito, "Hijo mío, yo estoy viejo y cansado. Ándate adonde está tu hermana María en Oaxaca."

"Yo puedo hacer las ollas, tío. Yo puedo hacerlo todo. Tú me necesitas." Dijo Benito.

Uncle Juan shook his head. "You are still just a boy, only twelve years old. You are not old enough yet to do a man's work. Go while you have this good chance. Maria will help you find a job."

Benito pounded a ball of clay with his fist. "But I'm just an Indian. I don't even speak Spanish. I'm not like them. I don't want to be like them."

"You are not 'just an Indian' you are Zapotec. Always remember that. You will learn. Go!" said Uncle Juan.

Benito went. In Oaxaca, Maria found him a job helping a priest whose work was sewing books together. His name was Brother Antonio.

Tío Juan movió la cabeza. "Tú eres un niño todavía, tienes apenas doce (12) años. No eres suficiente grande para hacer el trabajo de un hombre. Ándate mientras tienes esta gran oportunidad. María te ayudará a conseguir trabajo."

Benito le dio con el puño a una bola de barro que tenía. "Pero yo soy solamente un indio. Ni siquiera hablo español. Yo no soy como ellos. Yo no quiero ser como ellos."

"Tú no eres ´solamente un indio´. Tú eres un Zapoteca. Siempre recuerda esto. Tú aprenderás. Véte." dijo tío Juan.

Benito se fue. En Oaxaca María le encontró un trabajo ayudándole a un sacerdote cuyo trabajo era coser libros. Él se llamaba El Hermano Antonio.

"Benito, you work so well and learn so fast! I am so pleased," said Brother Antonio.

Benito smiled. "I made good pots too, working with Uncle Juan."

"Brother Antonio asked, "Would you like to go to school?"

Benito's eyes got big. "And learn to read? And write? But I have no money to pay..."

"I will pay," said Brother Antonio. "You can help me in the book bindery after school. OK?"

Benito's eyes were shining. "OK!" he said. He wanted to hug Brother Antonio but Zapotecs do not hug people who are not in their own family. So he just said, "Thank you, Brother Antonio!"

Benito loved school. He learned to read. He wanted to spend all his time reading. But of course, he had to help Brother Antonio. And whenever he could, he went to visit Maria.

"Benito, ¡tú trabajas tan bien y aprendes tan rápido! ¡Estoy tan contento!" dijo el hermano Antonio.

Benito se sonrió. "Yo hacía buenas ollas también, ayudándole a tío Juan."

El Hermano Antonio le preguntó, "¿Quisieras ir a la escuela?"

Los ojos de Benito se pusieron bien grandes. "Y ¿Aprender a leer? ¿Y a escribir? Pero yo no tengo dinero para pagar-----"

"Yo te pagaré," dijo el hermano Antonio. "Tú me puedes ayudar con la encuadernación después de las clases. ¿Está bien?"

Los ojos de Benito le brillaban. "¡Está bien!" dijo él. Quería darle un abrazo al hermano Antonio, pero los Zapotecas no se abrazan al menos que sean familia. Así que solamente dijo, "¡Gracias Hermano Antonio!"

A Benito le encantaba la escuela. Aprendió a leer. Quería pasar todo el tiempo leyendo. Pero, por supuesto, tenía que ayudarle al hermano Antonio. Y cuando podía, iba a visitar a María.

One time as he waited for Maria to finish her work, he heard something slam on the floor. He listened. Was someone crying? Tiptoeing down the hall he came to a tall carved door. He opened it, and there sat a girl about his own age with tears on her face.

"Are you hurt?" Benito asked.

"No! I'm angry! I can't do this math. I hate math!" She kicked the book on the floor with her foot.

Benito picked it up and looked at the pages. "This is easy," he said. "Here, I'll help you." Sitting beside her on the couch he explained the problems. Soon they were all finished.

"What's your name?" Benito asked, "I'm Benito."

"Oh, you're Maria's brother! I'm Margarita. I live here. Will you help me again with my math?

"Sure," Benito said.

Una vez, mientras esperaba que María terminara su trabajo, escuchó algo caer sobre el piso. El escuchó. ¿Estaba alguien llorando? De puntillas se fue caminando en el pasillo hasta que llegó a una gran puerta. La abrió, y allí estaba sentada una niña, más o menos de su edad, con lágrimas en la cara.

"¿Estás golpeada?" Le preguntó Benito.

"¡No! ¡Estoy enojada! No puedo hacer estas matemáticas. ¡Yo odio las matemáticas!" Y pateó el libro que estaba en el piso.

Benito lo recogió y miró las páginas. "Esto es fácil," dijo. "Vente. Yo te ayudo." Se sentó al lado de ella en el sofá y le explicó los problemas. En un rato habían terminado todo.

"¿Cómo te llamas?" Le preguntó Benito. "Yo soy Benito."

"Oh, itú eres el hermano de María!" Yo soy Margarita. Yo vivo aquí. ¿Me puedes ayudar con las matemáticas otra vez?"

"Seguro," dijo Benito.

He came to see Maria even more after that, and of course, Margarita. Soon they were very good friends.

"Benito," Brother Antonio said one day, "Soon you will finish high school. You should go to college. Would you like to be a priest?"

"Yes, Brother Antonio," Benito answered, "but I would rather be a lawyer. I want to help my own people with their land and money problems. The Zapotecs need much help."

"Bless you, my son," said Brother Antonio. "God will show you what to do."

Benito became a lawyer. Then he worked in the villages helping the Zapotecs and other poor people. Uncle Juan, now a very old man, was very, very proud of him.

On Sundays Benito rode his horse to Oaxaca to be with Brother Antonio, Maria, and Margarita.

Venía a visitar a María con más frecuencia, y por supuesto también a Margarita. Pronto se hicieron buenos amigos.

"Benito," Le dijo el hermano Antonio un día, "Pronto vas a terminar la secundaria. Debes ir al colegio. ¿Te gustaría ser un sacerdote?"

"Sí, hermano Antonio," contestó Benito, pero prefiero ser un abogado. Yo quiero ayudar a mi pueblo con sus problemas de dinero y de sus tierras. Los Zacatecas necesitan mucha ayuda."

"Dios te bendiga, hijo mío," dijo el hermano Antonio. "Dios te indicará lo que debes hacer."

Benito llegó a ser abogado. Entonces trabajó en los pueblos ayudando a los Zacatecas y a otros pobres. Tío Juan, ahora ya bastante viejo, estaba muy, muy orgulloso de él.

Los domingos Benito montaba su caballo para ir a Oaxaca y a estar con el hermano Antonio, con María y con Margarita.

One Sunday he seemed upset and nervous.

"What's wrong?" Margarita asked him.

"Let's take a walk," Benito answered. They walked away through the garden. "Uh, would you marry an Indian?" he asked.

Margarita took his hand. "If you were the Indian, I would. If you asked me."

"I'm asking," Benito said.

And so they were married.

Un domingo Benito parecía disgustado y nervioso.

"¿Qué te pasa?" le preguntó Margarita.

"Salgamos a caminar," le contestó Benito. Caminaron por el jardín. "Uh, ¿te casarías con un indio?" le preguntó.

Margarita lo tomó de la mano. "Si tú fueras un indio, sí lo haría. Si tú me pides."

"Te estoy pidiendo," dijo Benito.

Así que se casaron.

Margarita helped Benito in all of his work. Benito became governor of the state of Oaxaca where he helped the people start new schools in the villages. He made good laws that helped all the people, and finally became President of Mexico.

But there were other men· who wanted to be President. These men had guns. Other men joined them and soon they were an army of soldiers. They started shooting at their own President, Benito Juarez.

They arrested him and put him in jail, but he escaped. Running on back streets and alleys he got home to Margarita. All out of breath he told her, "I must leave Mexico City. They're trying to shoot me. You will be safe right here, and I will send for you."

He put on raggy Indian work clothes, huaraches and a sombrero over his messed-up hair.

Margarita le ayudaba a Benito con todo su trabajo. Benito llegó a ser gobernador del Estado de Oaxaca, donde él ayudó a empezar escuelas en los pueblos. Creó leyes que ayudaban al pueblo, y finalmente llegó a ser presidente de México.

Pero había otros hombres que querían ser presidente. Estos hombres tenían escopetas. Otros hombres se unieron a ellos y pronto tenían un ejército de soldados. Empezaron a tirarle a su propio presidente, Benito Juárez.

Lo arrestaron y lo pusieron en la cárcel, pero él se escapó. Huyendo por calles no conocidas y por callejones, llegó a la casa donde estaba Margarita. Cansado y casi sin poder respirar le dijo a Margarita, "Tengo que salir de México. Están tratando de matarme. Tu estarás segura aquí, y yo te mandaré a buscar."

Se vistió como un indio con ropa vieja y rota, huaraches y se puso un sombrero sobre su cabello despeinado.

"Ah, Benito, you look so... Indian. Please be careful," Margarita cried.

"My darling, I'm just another Indian now. Nobody will ever recognize me," he said with a smile as he went off down the street.

His friends were waiting for him. They all went to Veracruz where Benito was president again. Special brave guards brought Margarita there.

Everything was happy and peaceful for a while. Then more fighting and shooting started. Benito had to leave Mexico and live in the USA for three years where the soldiers couldn't get him.

At last the fighting stopped. Benito went back to Mexico and became President again. He was a good President, always trying to make life better for all the people.

All over Mexico there are many statues of Benito Juarez. There are streets, schools and plazas named for him. Mexico is proud of this good man.

Benito Juarez was Mexico's Indian President Hero.

"Ay, Benito, pareces un puro indio. Por favor ten mucho cuidado," Margarita lloró.

"Mi querida, soy un indio ahora. Nadie me reconocerá," dijo con una sonrisa en su rostro y salió por la calle.

Sus amigos lo estaban esperando. Todos se fueron a Veracruz donde él fue presidente nuevamente. Guardas especiales trajeron a Margarita.

Todo era pacífico y feliz. Entonces empezó la pelea y el tiroteo. Benito tuvo que salir de México y vivió en los Estados Unidos de América por tres años donde los soldados enemigos no podían hacerle mal.

Finalmente la pelea terminó. Benito regresó a México y volvió a ser presidente. Él fue un buen presidente, siempre trataba de mejorar la vida de los pueblos.

Por todo México hay muchas estatuas de Benito Juárez. Hay calles, escuelas y plazas con su nombre. México es orgulloso de este buen hombre.

Benito Juárez fue el Presidente Indio Héroe de México.

Pancho Villa

Cowboy Hero of Mexico
Vaquero Héroe de México

Doroteo skipped along the trail of his desert home humming a happy tune. "Cheep-cheep, cheep-cheep," cried a little bird voice. Doroteo looked around. There in the scraggly grass beside the trail a tiny bird sat. Doroteo squatted down beside it.

"Why don't you fly away, little bird?" he asked. "Are you hurt?" He picked the little bird up in his hand. As it struggled to get away, he could see that its wing was broken. "Pobrecito," (poor little thing), he said. "I will take you home to Mama. She can fix anything."

Doroteo held the tiny bird carefully in his two hands as he walked back on the trail to the adobe house where his family lived.

Mama was making tortillas for lunch, but she stopped her work to look at the hurt bird.

Doroteo, feliz, cantando, saltaba por el camino que lo llevaba a su humilde casa en el desierto, "pip-pip, pip-pip", se oía la voz de un pajarito. Doroteo miró por todos lados. En la yerba al lado del camino estaba un pajarito. Doroteo se agachó a su lado.

"¿Por qué no vuelas, pajarito?" le preguntó "¿Estás herido?" Doroteo cogió al pajarito en su mano. Mientras trataba de salir de su mano, Doroteo notó que su ala estaba quebrada. "Pobrecito," dijo. Te llevaré a la casa. Mamá te puede ayudar. Ella puede arreglar cualquier cosa."

Doroteo tomó el pajarito entre las manos y siguió camino a la casa donde vivía con su familia.

Mamá estaba haciendo tortillas para la comida, pero dejó su trabajo para ver al pajarito herido.

"Pobrecito," she said. "You are right, Doroteo. Its wing is broken, but we can make it well." She put the tiny bird in a basket with a napkin cuddled around it.

When lunch was ready the family gathered around the table. Papa came in from the fields where he was working. Doroteo's two sisters and two brothers came in from gathering firewood. When they saw the hurt bird, they all said, "Pobrecito."

"We must feed it," Doroteo said. "What does it eat, Papa?"

"It lives in the cactus plants," Papa said. "It eats the bugs that come to eat the cactus."

"We can catch lots of bugs," said Antonio and Hipolito. "The little bird will get fat. If we ate bugs, we could get fat, too," they said, laughing.

Marianita and Martina made faces. "Yuk! We'd rather be skinny!" they said.

"Pobrecito," dijo ella. "Tienes razón Doroteo. Su ala está quebrada, pero se la podemos arreglar." Envolvió al pajarito en una servilleta y lo puso en una canasta.

Cuando la comida estaba lista la familia se sentó alrededor de la mesa. Papá llegó del trabajo en el campo. Las dos hermanas y dos hermanos de Doroteo llegaron de donde estaban recogiendo leña para el fuego. Cuando vieron al pajarito, todos dijeron, "Pobrecito."

"Tenemos que darle de comer," dijo Doroteo. "Papa, ¿Qué come el pajarito?"

"Vive en las plantas de cactus," dijo papá. "Él come los insectos que llegan a comerse las plantas."

"Podemos coger muchos insectos," dijeron Antonio e Hipólito. "El pajarito se va a engordar. Si nosotros comiéramos insectos podríamos engordar, también," dijeron ellos riéndose.

Marianita y Martina hicieron muecas. "¡Uh! ¡Preferimos ser delgadas!" Dijeron ellas.

Papa said, "It is a problem getting enough food for the family, but we can do it. Soon I must give the hacienda boss his share of our corn and beans. It has not been a good crop. Not enough rain."

"Many people don't have enough to eat," Doroteo said. "I know such a family. The kids are hungry. I shared my tortillas with them."

"Bless you, my son," said Mama. We will find a way to help them."

After a while the little bird's wing got well. Doroteo, Antonio and Hipolito took it back to the trail and let it go. For a moment it looked back as if to say, "Thank you", and then it flew away.

Papá dijo, "Es un problema conseguir comida para la familia, pero lo podemos hacer. Pronto tengo que darle al jefe de la hacienda su porción de maíz y de frijoles. No ha sido una buena cosecha este año. No ha llovido suficiente."

"Mucha gente no tiene suficiente que comer," dijo Doroteo. "Yo conozco una familia. Los niños están con hambre. Yo compartí mis tortillas con ellos."

"Dios te bendiga, hijo mío," dijo mamá. "Encontraremos cómo ayudarles."

Después de un tiempo el ala del pajarito se sanó. Doroteo, Antonio e Hipólito lo llevaron a donde lo habían encontrado y lo dejaron ir. El pajarito los miró por un momento como para decirles, "gracias", y entonces se fue volando.

When the boys got back to the house, they could smell supper cooking. Mama and Marianita were singing as they made tortillas. Martina stirred the beans so they wouldn't burn. On the table there was freshly made salsa. "Mmmm!" said the boys.

"Wash up," said Mama. "Papa will be here soon."

As the boys splashed in the water outside, they saw a man coming up the trail. Hipolito squinted his eyes. "Is that Papa?"

"Can't be," said Antonio. "Papa doesn't walk like that."

"Maybe a drunk," said Doroteo. "No! It is Papa! He's been hurt!"

The boys ran down the trail to their father. "Lean on us, Papa. We are strong," they said.

At last they got to the door of their house. Mama stopped singing and ran to her husband. "My dear! What have they done to you?" she cried, putting her arms around him.

Cuando los muchachos regresaron a la casa podían oler el aroma de la cena. Mamá y Marianita estaban cantando mientras hacían las tortillas. Martina revolvía los frijoles para que no se quemaran. En la mesa había salsa fresca." ¡Mmmm!" dijeron los muchachos.

"Lávense," dijo mamá. "Papá va a llegar pronto."

Mientras los muchachos se lavaban y jugaban con el agua afuera, vieron a un hombre que venía por el camino. Hipólito trato de ver quien era. "¿Ese es papá?"

"No puede ser," dijo Antonio. "Papá no camina así."

"Quizá es un borracho," dijo Doroteo. "¡No! ¡Sí es papá! ¡Él está herido!"

Los muchachos corrieron para ayudar a papá. "Recuéstate a nosotros, papá. Somos fuertes." Dijeron ellos.

Al fin llegaron a la puerta de la casa. Mamá dejó de cantar y corrió donde su esposo, "¡Mi querido! ¿Qué te han hecho?" Lloró, abrazándolo.

Papa groaned. "The hacienda boss wants more of our corn and beans. I told him that's his fair share. He said I lied. He had me whipped."

Mama helped Papa to the bed. "You kids eat," she said. "I will take care of Papa. Soon he will be well again."

But Papa did not get better, and after a while he died.

"Probrecito," said all his brothers and cousins and friends. Doroteo said, "Someday I will fix that hacienda boss."

"Hush," said Mama. "God will fix him."

Doroteo, Antonio and Hipolito now had to work full-time in the fields. There was no time for school. In the house Mama, Marianita and Martina made tamales to sell to their neighbors and the people in the big hacienda. The family was very poor, and it was hard to get enough to eat.

Doroteo was now sixteen years old, the head of the house since his father had died.

Papá se quejó. "El jefe de la hacienda quiere más de nuestro maíz y frijoles. Le dije que eso era lo que le pertenecía. Él dijo que yo estaba mintiendo. Mandó a que me azotaran."

Mamá lo llevó a la cama. "Niños ustedes coman," les dijo. "Voy a cuidar a papá. Pronto se va mejorar."

Pero papá no se mejoró, y después de un tiempo, murió.

"¡Pobrecito!" dijeron todos sus hermanos, primos, y amigos.

Doroteo dijo, "Algún día voy a arreglármelas con ese jefe de hacienda."

"Cállate," dijo mamá. "Dios se las va a arreglar con él."

Doroteo, Antonio e Hipólito ahora tenían que trabajar en los campos tiempo completo. No había tiempo para la escuela. En la casa mamá, Marianita and Martina hacían tamales para venderle a los vecinos y a la gente de la hacienda. La familia estaba bien pobre, y era difícil conseguir comida para comer.

Doroteo ahora tenía dieciséis (16) años, y era el hombre de la casa, desde la muerte de su papá.

One day when he came home from work, the hacienda boss was in the doorway talking to his mother. She was telling him, "Go away from my house! Why do you want to take my daughter?"

That man again! Doroteo was so angry he grabbed a gun from his cousin's house next door and shot the hacienda boss in the foot.

The boss began yelling for help. Five of his men came running with rifles.

They were going to shoot Doroteo, but the boss said, "Don't kill this boy. Just take me home."

Un día cuando llegó a la casa después del trabajo el jefe de la hacienda estaba parado en la puerta de la casa hablando con su mamá. Ella le estaba diciendo, "¡Vete de mi casa! ¿Por qué se quiere llevar a mi hija?"

"¡Ese hombre otra vez!" Doroteo estaba tan enojado, cogió un rifle de la casa de su primo que vivía al lado de su casa y le dio un tiro en el pie al jefe de la hacienda.

El jefe empezó a gritar y a pedir ayuda. Cinco de sus hombres vinieron con sus rifles.

Iban a matar a Doroteo pero el jefe les dijo, "No maten al muchacho. Llévenme a la casa."

When they had gone Mama said," Go, Doroteo! They want to put you in jail and be mean to you! Take this blanket and these tortillas."

Doroteo jumped on his horse and galloped away to the mountains nearby. There he found a place where he could camp out and hide from the rangers. He knew they would be hunting for him.

Two times they caught him and two times they put him in jail. Both times he escaped and ran back to the mountains. Then he thought, I need to be somebody else. I need a new look and a new name. He grew a big thick moustache on his upper lip and cut his black curly hair very short.

Now for a name, he thought. My grandfather's name was Villa. That's who I'll be – Francisco Villa! Pancho is a nickname for Francisco, and so he was called Pancho Villa.

Cuando ya se habían ido los hombres, mamá dijo, "¡Ándate, Doroteo! ¡Ellos te quieren poner en la cárcel y te quieren tratar mal! Toma esta cobija y estas tortillas."

Doroteo brincó en su caballo y se fue rápido a las montañas cercanas. Allí encontró un lugar donde podía acampar y esconderse de los hombres. Él sabía que lo estarían buscando.

Dos veces lo cogieron y dos veces lo pusieron en la cárcel. Dos veces se escapó y huyó a las montañas. Entonces pensó, yo debo ser otra persona. Debo cambiar mi parecer y ponerme otro nombre. Se dejó crecer un bigote bien grande y se cortó el cabello bien corto.

Ahora qué nombre me pongo, pensó. El nombre de mi abuelo era Villa. Ese es quien voy a ser – ¡Francisco Villa! Pancho, es el sobrenombre de Francisco, así que me llamaré Pancho Villa.

In the mountains all by himself, Pancho was lonely. One day as he was riding around on his horse, he found the camp of two men. They were friendly and talked to Pancho, calling him "son".

"May I camp with you?" Pancho asked. "It is good to be with friends."

The two men looked at each other. "We are bandits," they said. "We rob the rich people. Can you ride? Can you shoot? Will you do everything we say?"

Pancho said, "I can do that. The rich people rob us poor folks. They take our land and our food. They killed my papa with their many whippings."

So Pancho Villa camped and rode with his bandit friends. After one robbery the outlaws had many thousands of pesos. They gave him a share. He gave money to poor widows who didn't have enough food for their children.

Solo en las montañas, Pancho se sentía triste. Un día mientras andaba en su caballo encontró a dos hombres acampando. Ellos eran muy amables y hablaron con Pancho, llamándolo "hijo".

"¿Puedo acampar con ustedes?" les preguntó Pancho. "Es bueno estar con amigos."

Los dos hombres se miraron uno a otro. "Nosotros somos bandidos", dijeron. "Nosotros le robamos a los ricos. ¿Puedes cabalgar? ¿Puedes usar el rifle? ¿Harás todo lo que te decimos que hagas?"

Pancho les dijo, "Yo puedo hacer eso. Los ricos nos roban a nosotros los pobres. Nos cogen nuestras tierras y nuestra comida. Ellos mataron a mi papá con todos los azotes que le dieron."

Así Pancho Villa acampó y anduvo con los amigos bandidos. Después de un robo los bandidos tenían miles de pesos. Le dieron su parte. Él les dio dinero a las pobres viudas que no tenían suficiente comida para sus hijos.

He gave money to an almost blind man, enough to start his own business and for a helper, too. To his mama and the rest of his family he gave thousands of pesos.

"My son," said Mama, "where did you get so much money?" "I'm afraid you have bad friends. You must stop doing this."

When Pancho went back to his bandit friends, they were mean to an old man who wouldn't sell them his bread.

"Men, we can't live like this," Pancho said. "I'm leaving you guys to go find a job."

He went to work in mines, he made bricks, he worked on farms. But soon the police would find out that he was really Pancho Villa, and he would have to run again.

Then the Revolution began. The poor people were tired of being robbed and mistreated by the selfish rich people and the government that made bad laws.

Le dio suficiente dinero a un hombre que estaba casi ciego para que comenzara su negocio y también le dio a alguien para que le ayudara. A su mamá y a su familia les dio miles de pesos.

"Hijo mío, dijo mamá, "¿Dónde conseguiste tanto dinero? Temo que tienes malos amigos. Tienes que dejar de hacer esto."

Cuando Pancho volvió con sus amigos bandidos los vio tratar mal a un anciano que no les quiso vender pan.

"Hombre, no podemos seguir viviendo así," dijo Pancho. "Yo me voy, quiero buscar trabajo."

Él se fue a trabajar en minas, haciendo ladrillos, trabajando en las fincas. Pero pronto la policía se daba cuenta que él era Pancho Villa, y tenía que huir de nuevo.

Comenzó la Revolución. Los pobres estaban cansados de ser robados y maltratados por los ricos egoístas y cansados de las malas leyes del gobierno.

The men of Chihuahua, the state where Pancho lived, got together in groups which became armies of soldiers. They chose leaders who taught them how to fight and shoot their guns.

One of the leaders was Pancho Villa, who then became General Villa. The men of Chihuahua and other states of Mexico came to join his army. The Mexican Government soldiers were sent to fight with Pancho Villa's soldiers, but Pancho's men were better fighters. They almost always won the battle.

When Pancho's army came into a town he gave orders to all the soldiers: There will be NO drinking. NO breaking into stores or homes. NO taking other people's things. NO fighting with people in the town. You will all behave like gentlemen. And all the soldiers obeyed.

In towns where the rich people had put their money in the bank, the soldiers broke open the bank, took all the money and brought it to Pancho.

Los hombres de Chihuahua, el estado donde vivía Pancho, se juntaron en grupos que llegaron a ser ejércitos de soldados. Escogieron líderes para que les enseñaran a pelear y a usar armas.

Uno de los líderes fue Pancho Villa, quien desde entonces era el General Villa. Los hombres de Chihuahua y otros estados de México se unieron al ejército. Los soldados del ejército del Gobierno de México fueron enviados a pelear contra los soldados de Pancho Villa. Pero los soldados de Pancho eran mejores peleadores. Casi siempre ganaban la batalla.

Cuando el ejército de Pancho llegaba a un pueblo, él ordenaba a sus soldados a: NO tomar, NO meterse en la tiendas ni en las casas, NO robarle a nadie, NO pelear con nadie en el pueblo. Los ordenaba a ser caballeros a portarse bien. Y todos los soldados le obedecían.

En los pueblos donde los ricos ponían su dinero en los bancos, los soldados entraban y se robaban todo el dinero y se lo llevaban a Pancho.

He gave it to the poor people so they could buy food.

Pancho captured a train, loaded it with soldiers and food and away they went down the railroad track. Farm folks waved from the fields and the soldiers tossed food to them from the train. When they came to a little country town, the engineer stopped the train. Pancho and the soldiers gave food to the people.

After several years, most of the fighting stopped in Chihuahua. Pancho was made governor of the state. He took the land that the rich people had stolen from the farmers and Indians and gave it back to them. He made schools all over Chihuahua so the children could learn to read and write.

Pancho entonces les daba el dinero a los pobres para que compraran comida.

Pancho capturó un tren, lo llenó con sus soldados, con comida y se fueron por el camino del tren. Cuando el tren pasaba por una finca, los finqueros los saludaban y los soldados les tiraban comida desde el tren. Cuando llegaron a un pueblito el ingeniero paró el tren. Pancho y los soldados le dieron comida a la gente.

Después de varios años se terminó la pelea en Chihuahua. Pancho llegó a ser el gobernador del estado. Les quitó a los ricos las tierras que se habían robado de los campesinos y de los indios y se las regresó a sus dueños. Construyó escuelas para que los niños aprendieran a leer y a escribir.

After two years, Pancho stopped being governor of Chihuahua and went back to training his army. "In case we need to fight again," he said.

He had done much good. He was honest. He loved children. He did not smoke or drink. He was not proud or selfish. He made good laws that helped the people.

But Pancho had many enemies. "He has friends who are bandits and outlaws," they said. One day as Pancho rode in a car with some of his friends, a group of men shot and killed him and his friends.

The poor people of Chihuahua and all over Mexico were sad. Many of the law makers and rich people were sad too. They knew he was a good man, chivalrous, a gentleman.

"Pobrecito," said Pancho's brothers, sisters, and family. "Pobrecito."

Pancho Villa was a cowboy hero of Mexico's poor people.

Después de dos años, Pancho dejo de ser gobernador de Chihuahua y regresó a instruir a su ejército. "En caso que necesitemos pelear otra vez," dijo él.

Pancho había hecho mucho bien a la gente. Fue honesto. Amaba a los niños. No fumaba ni tomaba. No era orgulloso ni egoísta. Puso buenas leyes, leyes que ayudaban al pueblo.

Pero Pancho tenía muchos enemigos. "Él tiene amigos que son bandidos y forajidos," decían ellos. Un día mientras Pancho andaba en un carro con sus amigos un grupo de hombres les tiraron y mataron a Pancho y a sus amigos.

La pobre gente de Chihuahua y de todo México se puso muy triste. Muchos de los gobernantes y ricos también se pusieron triste. Sabían que él era un buen hombre, un caballero, honesto, y cortés.

"¡Pobrecito!" dijeron los hermanos, las hermanas, y la familia de Pancho. "¡Pobrecito!"

Pancho Villa fue un Héroe vaquero de los pobres de México.

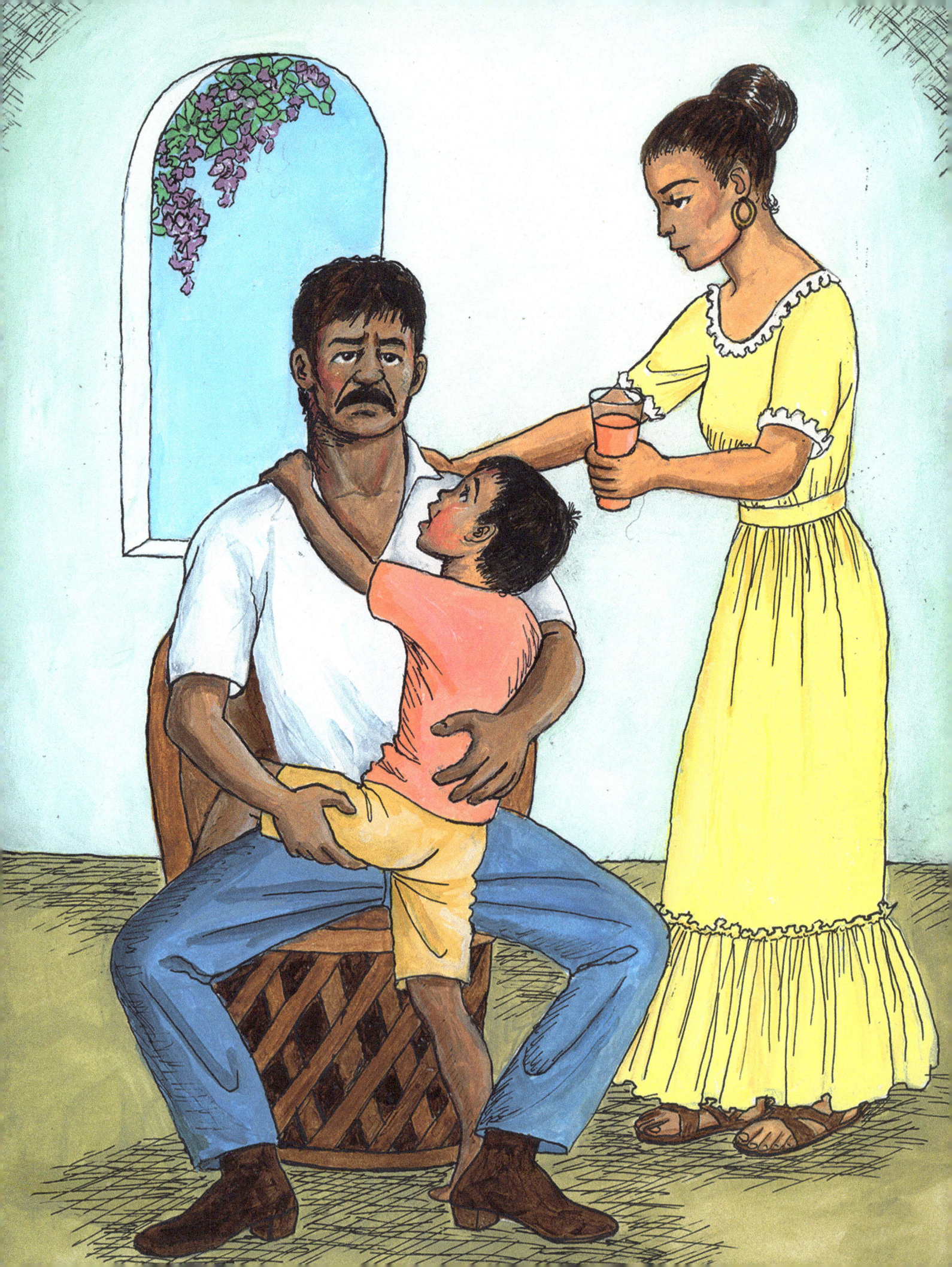

Emiliano Zapata

Farmer Hero of Mexico
Héroe Agricultor de México

In the village of Anenecuilco, the people were having a town meeting.

"The rich people are taking more of our land!" the Speaker shouted. "They have taken our orchard. They are pulling out the fruit trees so they can plant sugar cane!"

"Bandits! Robbers!" yelled the men in the crowd. "Let's fight! Let's shoot them all!" They shook their fists.

The Speaker held up his hands. "But the law says they can do this. The laws are bad, but we are not ready to start a war. We must wait."

The meeting ended. The people went home. They were angry. Senor Zapata said to his wife and children, "Our grandfathers planted those trees!" He was so angry he had tears in his eyes.

En el pueblo de Anenecuilco, la gente tenían una reunión del pueblo.

"¡Los ricos se están cogiendo más de nuestras tierras!" Gritó el orador. "¡Se han tomado nuestras hortalizas! ¡Están cortando los árboles frutales para sembrar caña de azúcar!"

"¡Bandidos! ¡Ladrones!" gritaban los hombres en la reunión. "¡Vamos a pelear contra ellos! ¡Matémoslos a todos!" Cerraban los puños, amenazantes.

El orador alzó sus manos. "Pero la ley dice que ellos pueden hacer esto. Las leyes son malas, pero no estamos listos para empezar una guerra. Tenemos que esperar."

El conjunto terminó. La gente fueron a casa. Estaban enojados. "¡Nuestros abuelos sembraron estos árboles!" El señor Zapata estaba tan enojado que le salían lágrimas de sus ojos.

Emiliano crawled up in his father's lap. "Papa," he said, "don't cry. When I grow up I will get that land back for you."

Papa nodded his head. "Sure, son, you do that," he said.

It was late. The Zapata family went to bed.

Very early in the morning Papa shook Emiliano to wake him up. "Time to get up, son," he said. "The horses are hungry,"

"Coming, Papa," Emiliano said with a big yawn. He felt in the dark for his shirt and pants. All dressed, he put on his huaraches and ran to help Papa who was already in the barn.

Papa was forking hay into the stalls for the horses. Emiliano picked up his smaller pitch fork and helped.

"Such fine animals!" said Papa. Men will pay us much money for these."

"I wish we could keep them all, Papa. Why must we sell them?" asked Emiliano.

Emiliano se subió en las piernas de su papá. "Papá," le dijo "no llores, cuando yo sea grande les quitaré esas tierras y te las regresaré a ti."

Papá movió la cabeza. "Seguro hijo, tú vas a hacer eso," le dijo.

Ya era tarde. La familia Zapata se acostó.

Muy temprano en la mañana papá despertó a Emiliano. "Es tiempo de levantarse, hijo," le dijo. "Los caballos tienen hambre."

"Ya voy papá," dijo Emiliano, bostezando. En la oscuridad buscó su ropa. Ya vestido, se puso los huaraches y corrió para ayudarle a papá quien ya estaba en el establo.

Papá estaba poniendo heno en el puesto de los caballos. Emiliano cogió el rastrillo pequeño y le ayudó a su papá.

"¡Que animales tan finos!" dijo papá. "Los hombres van a pagar buen dinero por ellos."

"Me gustaría quedarme con todos ellos, papá. ¿Por qué tenemos que venderlos?" preguntó Emiliano.

"This is our business, my son. We keep some, we sell some," said Papa. "You are learning to do it. This is how we earn our money."

Emiliano forked some more hay. "Most of our neighbors are farmers," he said.

"Yes," said Papa, "if they have enough land. Long ago the rich hacienda people took our land. We don't have enough left to farm. That's why we buy and sell horses."

"Well, I like horses," Emiliano said.

Papa smiled. "Me too," he said. He put his arm around Emiliano's shoulders and together they went back to the house.

Mama had cooked a good hot breakfast for them. As they ate Papa said, "In three days there will be a horse sale in Ayala. I will take some of our best horses there to sell. Would you like to ride with me, 'Miliano?'

"Este es nuestro negocio, hijo mío. Nos quedamos con unos y vendemos otros." Dijo papá- "Estás aprendiendo como se hace. Así es como ganamos nuestro dinero."

Emiliano puso más heno en los puestos. "La mayoría de nuestros vecinos son agricultores," dijo él.

"Sí," dijo Papá. "Si tienen suficiente tierra. Hace mucho tiempo los ricos dueños de las haciendas nos quitaron nuestra tierra. Por eso es que ahora compramos y vendemos caballos."

"Bueno, a mí me gustan los caballos, dijo Emiliano."

Papá se sonrió. "A mí también," dijo él. Puso su brazo en los hombros de Emiliano y juntos regresaron a la casa.

Mamá les había hecho un buen desayuno. Mientras comían papá dijo, "En tres días habrá una venta de caballos en Ayala. Llevaré unos de nuestros mejores caballos para venderlos. Te gustaría ir conmigo ´Miliano´?"

"Oh yes, Papa! On my own horse?" Emiliano asked, his eyes shining.

"Yes, my son," Papa said, smiling. "And all dressed up, too, just like me."

Emiliano could hardly wait. He helped Papa get the horses ready. They brushed them to make their hair shine. They combed their manes and tails to make them beautiful.

"¡Oh sí, papá! ¿En mi propio caballo? Preguntó Emiliano, sus ojos le brillaban de contento.

"Sí, hijo mío," le contestó sonriendo papá. "Y bien vestido también. Como yo."

Emiliano no podía esperar. Le ayudó a papá a alistar los caballos. Los cepillaron, les peinaron la melena y la cola, los caballos brillaban, y quedaron muy lindos.

At last the day came for the horse sale. Papa rode a big black stallion, sitting on a silver saddle. Emiliano rode proudly beside him on a smaller paint horse. Papa's fine riding suit was black with silver embroidery to match his horse. Mama had made Emiliano's suit brown and white to match his paint horse.

"Because we are dressed like this the men who come to buy will think we're rich," Papa said with a wink. "Then they will pay more for our horses."

Mama watched proudly as father and son rode out of the village leading a string of their finest horses.

At the horse sale in Ayala it was as Papa said. The men admired the beautiful horses. They bought every one of them.

Al fin llegó el día de la venta de caballos. Papá se montó en el caballo semental negro en una silla de montar plateada. Emiliano orgullosamente montó en un pequeño caballo pinto, al lado de su padre. El vestido de montar de papá era negro con costuras plateadas que hacían juego con su caballo. Mamá le había hecho un vestido de montar café a Emiliano también para que hiciera juego con su caballo pinto.

"Como estamos vestidos así, los hombres que vienen a comprar los caballos van a pensar que somos ricos," dijo papá, guiñando un ojo. "Entonces van a pagar más por los caballos."

"Mamá, con mucho orgullo, miró al padre y al hijo salir del pueblo con una hilera de sus caballos finos para vender.

El lugar de la venta de caballos en Ayala era como papá había dicho. Los hombres admiraban los hermosos caballos. Ellos les compraron todos los caballos.

Emiliano and Papa rode back to Anenecuilco with a saddle bag full of money, Papa on the big black stallion, Emiliano on the smaller paint.

As Emiliano grew older, he learned to train horses. His horses were well behaved. They were nice to people. They didn't buck off their riders. Soon people for miles around were asking Emiliano to come train their horses. Many were rich, with big ranches and big houses. They invited him to their parties because he was young, handsome and charming. But he always said, "No thank you," and he returned home to Anenecuilco.

"Those people are nice to me and they are very rich," he said. "Even their horse stalls are better than the houses our people live in. But they are the kind of people who took our lands. I don't want to be with them. I want to be with my own friends."

Emiliano y papá regresaron a Anenecuilco en sus caballos con una bolsa llena de dinero, Papá en su semental caballo y Emiliano en el pequeño caballo pinto.

Mientras Emiliano crecía, él aprendía a entrenar caballos. Sus caballos eran bien portados. Eran buenos con la gente. No tiraban a sus jinetes. Pronto la gente desde muchas millas de lejos, le pedían a Emiliano que fuera a entrenarles sus caballos. Muchos eran ricos, con fincas grandes y con casas muy grandes. Lo invitaban a sus fiestas porque era joven, simpático y fascinante. Pero él siempre les decía, "No, Gracias," y regresaba a su casa en Anenecuilco.

"Esa gente es buena conmigo y son muy ricos," dijo él. "Hasta sus establos son mejores que las casas donde vive nuestra gente. Pero ellos son la clase de gente que se cogió nuestras tierras. Yo no quiero estar con ellos. Yo quiero estar con mis amigos."

It was a hard time for the country people. The big haciendas were allowed to take the farmers' lands and plant sugar cane. Then they sold the sugar cane for much money and became richer. The poor farmers had no land to plant anything on. They became poorer and their families were hungry. There was talk of war. If it happened, the farmers promised they would fight the soldiers of the government and get their lands back.

The wise old men of Anenecuilco said, "We are too old and tired to be the leaders anymore. If war comes, we need a young, strong, smart, brave man to be our leader."

Era tiempo difícil para los campesinos. Les era permitido a las grandes haciendas coger las tierras de los agricultores y sembrar caña de azúcar. Entonces ellos vendían la caña de azúcar por mucho dinero y se hacían más ricos. Los pobres agricultores no tenían tierra donde sembrar nada. Ellos se hacían más pobres y sus familias tenían hambre. Había rumores de guerra. Si eso sucidiera los agricultores prometieron que ellos pelearían con los soldados para conseguir de nuevo sus tierras.

Los hombres ancianos de Anenecuilco dijeron, "Ya nosotros estamos muy viejos para ser los líderes. Si hay guerra necesitamos un joven fuerte, inteligente y

Emiliano Zapata was elected. He and his friends got guns and ammunition for all the men and even the women, so that they could fight the government soldiers if they came to take their lands and homes.

Then the war happened. Emiliano, who was now General Zapata of the People's Army, wrote many letters to the President of Mexico. They all said, "Give us our lands back and we will stop fighting. We are farmers. We need our land to grow food for our families."

But the President of Mexico and his helpers were selfish men. The rich people were their friends and they didn't care about the poor people. So, the fighting went on and on.

valiente para que sea nuestro líder."

Eligieron a Emiliano Zapata. Él y sus amigos consiguieron armas y munición para todos los hombres y aun para algunas mujeres, para que pudieran pelear a los soldados del gobierno si venían a cogerse las tierras y las casas.

Llegó la guerra. Emiliano, quien ahora era el General Zapata del Ejército del Pueblo, escribió cartas al presidente de México. Las cartas decían, "Regrésenos nuestras tierras y dejaremos de pelear. Somos agricultores. Necesitamos nuestras tierras para sembrar comida para nuestras familias."

Pero el presidente de México y sus ayudantes eran hombres egoístas. Los ricos eran sus amigos y no les importaba la gente pobre. La

The Government soldiers came into Anenecuilco, burned the houses and took the women, children and old men off to prison camp. They did this in all the little farm villages all over that part of Mexico.

The Government army had many soldiers. The People's army was small. Emiliano and his men hid out in the mountains and shot the enemy soldiers from behind trees and rocks.

They wrecked the trains that were bringing guns, ammunition and food to the Government soldiers. They blew up bridges. It was the only way they could fight back.

After several years of the war Emiliano said to his generals, "I want to retire from being Leader. I want to go back to Anenecuilco and be a farmer and horse dealer again. I want to get married and have kids."

pelea siguió y siguió.

Los soldados del gobierno vinieron a Anenecuilco, quemaron casas y se llevaron a las mujeres, a los niños y a los ancianos y los pusieron en la cárcel. Ellos hicieron esto en todos los pueblos agricultores pequeños de México.

El ejército del gobierno tenía muchos soldados. El ejército del pueblo era pequeño. Emiliano y sus hombres se escondían en las montañas detrás de los árboles y de las rocas y mataban los soldados enemigos.

Ellos destruían los trenes que llevan armas y munición para los soldados del gobierno.

Tumbaban los puentes. Era la única forma que ellos podían pelear contra el enemigo.

Después de varios años de guerra Emiliano les dijo a sus generales, "Yo quiero jubilarme de ser el líder. Yo quiero regresar a Annecuilco y volver a ser un agricultor y un vendedor de caballos. Quiero casarme y tener

The generals said, '" Miliano, we all want that. We're all tired. But go – get married and then come back. We will wait for you."

Emiliano went back to Anenecuilco. The houses were burned. Most of the people were gone.

hijos."

Los generales dijeron, "Miliano, todos queremos eso. Todos estamos cansados. Pero – anda, cásate y regresa. Nosotros te esperaremos."

Emiliano regresó a Anenecuilco. Las casas estaban quemadas. La

He went to Ayala where his girlfriend and her family lived. There he and Josefa Espejo had a quiet wedding and afterward a quiet party.

In the middle of the party one of Emiliano's men rushed in to tell him that a very large enemy army was coming to take over Ayala and all the other town nearby. Emiliano was needed right away.

"You must come with me," he said to his new bride. "They will put you in jail and torture you, trying to find me." He picked her up, put her on his horse with him, and together they rode away with the soldier to their mountain hideout.

The enemy army generals had orders to surround Zapata and capture him, but he had already left. So, they took the women of his family and put them in prison.

mayoría de la gente se había ido.

Él fue a Ayala donde su novia vivía con su familia. Allí, él y Josefa Espejo se casaron en una sencilla boda y después tuvieron una sencilla fiesta.

En medio de la fiesta un hombre del ejército de Emiliano, llegó corriendo para decirle que un gran ejército del enemigo venía para tomar a Ayala y todos los pueblos cercanos. Necesitaban que Emiliano regresara enseguida.

"Tienes que venir conmigo," le dijo a su nueva esposa. "Te pondrán en la cárcel y te torturaran tratando de averiguar donde yo estoy." La levantó en su caballo y juntos se fueron con el soldado a los escondites en la montaña.

Los soldados del ejército del gobierno tenían órdenes de capturar a Zapata, pero ya él se había ido. Así que cogieron a las mujeres de su

It was a very unhappy time, but at last a different President was elected who cared about the people. He and his helpers wanted the fighting to stop. New laws were made. The President's men took the stolen land from the rich haciendas and gave it back to the farmers.

The fighting stopped. The farmers went back to farming on their own land again. They were happy.

General Emiliano Zapata did not live to see this happiness.

He had been shot and killed by the enemy soldiers. But his brave generals and soldiers kept on fighting until they got their farms back. They had kept their promise to the country people.

Emiliano Zapata was Mexico's Farmer Hero.

familia y las pusieron en la cárcel.

Fue un tiempo muy triste, pero al fin eligieron a un nuevo presidente quien se preocupaba por el pueblo. Él y sus ayudantes querían que la guerra terminara. Nuevas leyes fueron hechas. Los hombres del presidente les quitaron a los ricos todas las tierras que se habían robado de los pobres y se la devolvieron a los agricultores.

La guerra terminó. Los agricultores volvieron a trabajar en sus propias fincas. Estaban felices.

El general Emiliano Zapata no llegó a ver esta felicidad.

Él había muerto a mano de los soldados enemigos. Pero sus valientes generales siguieron peleando hasta que al fin consiguieron sus tierras de nuevo. Ellos cumplieron la promesa hecha al pueblo.

Emiliano Zapata fue el Héroe Agricultor de México.

www.ingramcontent.com/pod-product-compliance
Lightning Source LLC
Chambersburg PA
CBHW061415090426
42742CB00026B/3475